# Raíz

Guía imperfecta para madres reales:

humor, vínculo y Psicología Social sin filtro

Yesica Cabral

# CRÉDITOS

Título del libro: **Raíz**
Subtítulo: *Guía imperfecta para madres reales: humor, vínculo y Psicología Social sin filtro*

Autora: **Yesica Cabral**
Editora: Yesica Cabral
Diseño editorial: Yesica Cabral
Corrección de estilo: Yesica Cabral
Maquetación y diseño interior: Yesica Cabral y Sócrates
Fotografía de portada: Yesica Cabral
Diseño de tapa / Ilustraciones: Yesica Cabral
Impresión bajo demanda
Primera edición: Mayo 2025
ISBN: 979-8-218-66806-8

Este libro fue escrito desde el corazón, entre calendario escolar, tazas de mate cocido, feedback de mi marido, noches sin dormir y abrazos de mi hija.

Cada palabra fue pensada para acompañar a otras madres reales, hispanas e inmigrantes que, como yo, maternan con amor, dudas, fuerza, sensibilidad, pero, sobre todo, lo hacen con valentía.

Todos los derechos reservados.

Ninguna parte de esta publicación puede ser reproducida, almacenada o transmitida en ninguna forma ni por ningún medio, sin permiso previo y por escrito de la autora.

**❢ Contacto profesional y más contenidos:**

Sitio web: *www.yecabral.com*

Correo: *hola@yecabral.com*

Instagram: *@yecabral*

Linkedin: *@yecabral*

# DEDICATORIA

**A Vico,** mi raíz.
Por enseñarme que no hace falta ser perfecta para ser una buena madre.
Por amarme incluso cuando yo no podía con todo.
Este libro es también tuyo, porque cada página nace de lo que viví maternándote.

**A Nacho,** mi escudo cuando dejo caer la espada.
Por reconstruirme con un abrazo cuando hace falta, por no huir de mis días malos, por ser el primero en recordarme que lo estoy haciendo bien.
Porque juntos aprendimos que, además de ser una gran pareja, somos un equipo increíble.
Porque construir con amor, humor y paciencia
es tan importante como aprender de nuestras dudas, errores y miedos. Gracias por creer en mí.

**A mi mamá,** que me forjó con amor, errores y coraje.
En sus fallas encontré fuerza; en sus luces, inspiración.
Gracias ma, por confiar siempre en mi fuerza interior.

Y a **todas las madres** que están criando lejos de su tierra, con dudas, con culpa, con amor a borbotones y ganas de hacerlo mejor: este libro es para ustedes.
Para que sepan que no están solas.
Que maternar sin filtros también es un acto de amor.

# ÍNDICE

- Prólogo – Una invitación a maternar sin culpa
- Introducción – Maternar en tierra extranjera (y no perderse en el intento)

**Capítulos**

1. No estás sola: redes de apoyo que sanan
2. Ser madre e inmigrante: identidad en construcción
3. Carga mental: el peso invisible que llevamos
4. Crianza desaprendida: rompiendo patrones heredados
5. El poder de los vínculos: amigas, redes y comunidad
6. Renovarse sin perderse: adaptación activa y crecimiento
7. La culpa materna: el peso invisible que nos persigue
8. La maternidad y la pareja: ¿sobrevivimos o nos reinventamos?

9. El rol del papá en la crianza: más que un espectador

10. Crianza en la era digital: equilibrio entre pantallas y conexión real

11. Crianza intuitiva vs. sobreinformación: ¿a quién le creo?

12. Educar sin miedo: la autonomía de los niños y nuestra ansiedad

13. Hijos emocionalmente fuertes: criando desde la inteligencia emocional

14. El hogar como raíz: construyendo seguridad emocional para nuestros hijos

- Reflexión final – La maternidad: un viaje en constante evolución

- Agradecimientos

- Glosario

## PRÓLOGO
## Una invitación a maternar sin culpa

Carta a las futuras madres (y a las que ya están en el camino)

Si estás leyendo este libro, es porque en algún momento de tu maternidad te sentiste abrumada, cuestionada o incluso agotada de tanto consejo no solicitado. Bienvenida al club.

Acá no vas a encontrar recetas mágicas, ni fórmulas infalibles. Pero sí vas a encontrar una compañía honesta, una voz amiga que te diga —de frente y con amor— que lo estás haciendo mejor de lo que creés.

Y si estás por embarcarte en este viaje, te digo algo que a mí nadie me dijo: no hay una sola forma de ser una buena madre. No hay checklist perfecto, ni mamá Pinterest aprobada. Hay historias, decisiones, dudas, aciertos y una voz interna que, aunque a veces la silenciamos, sabe más de lo que creemos.

Vas a recibir consejos (de esos que nadie pidió), advertencias disfrazadas de amor, opiniones de gente que no camina tu historia. Vas a dudar de vos. Vas a llorar, gritar, amar con locura y, a veces, necesitar una pausa. Y también, un día, te vas a mirar al espejo y vas a ver a una mujer que, entre el cansancio y el caos, está criando con entrega, con errores, pero también con valentía y ternura.

Este libro es una invitación a confiar en tu instinto. A construir una maternidad que se adapte a tu vida, a tus tiempos, a tu cultura, a tu forma de amar.

A dejar de lado la culpa que no sirve, la exigencia que ahoga y la idea absurda de la madre perfecta.

La maternidad no es lineal, no tiene un solo camino y, definitivamente, no viene con manual de instrucciones. Cada día trae nuevos desafíos, y aunque leamos, investiguemos y escuchemos a "expertos", nadie conoce mejor a tu hijo que vos.

No soy la madre ideal (spoiler: nadie lo es). Soy una madre real, con días de gloria y otros de puro caos. Y desde ese lugar, escribí estas páginas. Con la esperanza de que te acompañen, te abracen, te incomoden (a veces) y sobre todo, te recuerden que no estás sola.

*Bienvenida a la maternidad real.*
La que se construye día a día, con aciertos, errores y muchísimo amor.

## INTRODUCCIÓN
*Maternar sin manual, pero con instinto*

---

Cuando me convertí en madre...
no recibí un manual de instrucciones.
Pero si lo hubiera recibido, seguro lo habría escrito alguien que nunca cambió un pañal a las tres de la mañana, con un ojo abierto y el otro en modo *error* 404.

Porque la maternidad no es solo un cambio de rutina.
Es una revolución.
Interna. Externa.
Una de esas que te desarman, te reconstruyen... y te muestran una versión de vos que ni sabías que existía.

Ahora...
Sumale a esa revolución el hecho de ser madre inmigrante.
Criar en una cultura distinta. En otro idioma.
Sin tu gente cerca. Sin la abuela que cae con tu comida favorita. Sin la vecina que te dice: *"dejalo llorar, después se le pasa"*, y vos querés llorar más que el bebé.

Y encima, con esa pregunta constante...
¿*Qué carajo estoy haciendo?*

Y bueno, estás criando. Estás maternando.
Estás haciendo lo mejor que podés... y eso, aunque no lo veas, vale muchísimo.

Porque, además, durante el embarazo el cerebro de la mujer cambia literalmente de forma (sí, como cuando te sentís medio zombie, ¡no era tu imaginación!) y esto no es metáfora poética: la neurociencia hoy lo confirma.... La ciencia descubrió que ciertas áreas se reajustan para que estemos más alertas, más empáticas y, por qué no decirlo, más sensibles a cada llanto, mirada y moco nuevo.

Y como si fuera poco, las células del bebé viajan por el torrente sanguíneo y se instalan en el cuerpo de la madre. Se quedan ahí. Años. Como si dijeran: "Ya está, mamá. Somos una sola, para siempre".

O sea que no solo nos cambian el alma y la rutina... también nos reconfiguran a nivel celular. Literal. Revolución biológica.

Y no lo digo yo, ¿eh? Googleen "células fetales en el cuerpo materno" o "cambios cerebrales embarazo" y se van a quedar tan locas como nosotras. Pero con aval científico.

Este libro no es una guía para ser la madre perfecta. (Spoiler: no existe. Y si existe... no duerme. Y vive cansada o estresada).

Tampoco es un manual de crianza de esos que te hacen sentir culpable por darles una pantalla o por cenar fideos con manteca tres veces por semana.
Es otra cosa.
Es una charla larga. De mate, café. Quizás helado o un trago según el nivel de caos.
Es un abrazo con palabras.
*Es una linterna para cuando la noche se pone espesa.*

Te voy a hablar de cosas que seguro ya sentiste. De dudas. De mandatos. De esa culpa que aparece cuando no llegás.
Pero también te voy a invitar a reír. A mirar con ternura tu caos.
Y sobre todo, a que te escuches a vos.

Vamos a hablar de Maternidad Intuitiva, esa voz que tenemos adentro y que muchas veces ignoramos por miedo a equivocarnos.
De la Crianza Sensible, que no significa decir que sí a todo, sino criar con empatía, con conexión, con presencia.

Y vamos a hablar de nuestra Raíz.
Esa que llevamos dentro aunque vivamos en otro país.
La que sostiene cuando todo se mueve.
La que nos recuerda quiénes somos mientras criamos lejos del lugar donde nacimos.

Cada capítulo de este libro es un pedacito de ese camino.
Empieza con una verdad cruda.
Te da un marco teórico (sí, pero tranqui, sin lenguaje académico que aburre).
Y te deja una herramienta concreta. Algo que podés aplicar. En tu casa. Con tus hijos. Con vos.

También vas a encontrar ganchos para sumarte a Raíz, nuestra comunidad. Porque si hay algo que aprendí en este tiempo...
Es que la maternidad no se transita sola.
Y si la transitas sola, se vuelve demasiado pesada.

*Este libro es para vos si alguna vez te sentiste sola.*
Si dudaste.
Si te hartaste de consejos que no pediste.
Si necesitás una tribu que no te juzgue, que te entienda, que te abrace desde la palabra.

No tengo la receta mágica.
Pero tengo algo mejor:
una experiencia real, compartida, imperfecta... pero profundamente amorosa.

**Bienvenida.** A esta Raíz.
A este libro. **A vos**

## **CAPÍTULO 1**
## NO ESTÁS SOLA: REDES DE APOYO QUE SANAN

"*Se necesita un pueblo entero para criar a un niño.*"

Suena lindo, ¿no? Hasta que ese pueblo queda a 8.000 kilómetros.
Cuando te convertís en mamá en otro país, muchas veces el "pueblo" desaparece.
Las abuelas, las amigas, las vecinas que sabían tu historia desde siempre... se esfuman.
Y lo que te queda es tu pareja —si la tenés—, una criatura que demanda 24/7 y algunos consejos no pedidos en la fila del supermercado.

Pero, pará. Porque hay algo que te quiero decir desde ya: No estás sola.
Y si hoy te sentís así, no es para siempre.

Raíz: la red que se construye desde cero

La buena noticia es que la red de apoyo se construye.
Y no tiene que ser perfecta ni numerosa.
Tiene que ser real, presente, funcional, humana.

*Porque ser madre no significa saberlo todo.*
Ni poder con todo.
Significa sostener y ser sostenida.
Significa que, así como nuestros hijos necesitan una

Pregúntate dónde podrías empezar a sembrar esa raíz: Tal vez una mamá que siempre ves en el parque, un grupo local de WhatsApp, una charla en una sala de espera, o un mensaje privado que estás dudando en mandar.

## Sumá tu historia

Construyamos juntas esta red emocional.
Compartí tu experiencia o tu mapa de Raíz en redes usando #RaízMadres y etiquétame.
No hace falta contar todo. Basta con saber que del otro lado hay más mujeres transitando el mismo camino.

Y si preferís contarlo con una sidra, un mate cocido o ¼ de helado, sabé que yo te entiendo. Porque así es como arranca todo: con una charla honesta. Entre iguales.

*No hay madre fuerte sin una raíz que la sostenga. Y si no está, podés empezar a sembrarla hoy.*

## CAPÍTULO 2
## SER MADRE E INMIGRANTE: IDENTIDAD EN CONSTRUCCIÓN

Mudarse de país ya es, de por sí, una aventura que te desarma.
Pero hacerlo con un hijo... es directamente mudarte desde adentro.

No solo tenés que reconstruirte vos, sino acompañar a alguien más a entender un mundo completamente nuevo.
Otro idioma.
Otras costumbres.
Otra forma de mirar, de hablar, de ser.

Recuerdo la primera vez que llevé a Vico, mi hija, a una plaza en EE.UU.
Ella tenía cuatro años, estaba llena de energía y, como cualquier nena de su edad, quería jugar.
Se acercó a un grupo de chicos y les habló en español.
Silencio.
Otra vez.
Más silencio.

Me miró confundida, con esa mezcla de ternura y angustia que solo las madres entendemos.
¿Cómo le explicaba que nadie le contestaba porque no la entendían?
¿Cómo le hacía ver que su idioma no era un error, sino un tesoro?

El idioma como puente (y a veces como muro)

Ahí entendí que la adaptación no es solo nuestra como adultos.
También es de ellos.
Y muchas veces es más cruel.

Durante esos primeros meses, Vico no tenía amigos.
Se sentía la "diferente".
Y eso, para un niño, puede sentirse como una sentencia.

*Entonces, como familia, hicimos equipo.*
Mientras su papá —que dominaba el inglés— iba a las reuniones del colegio,
yo me ponía con el traductor buscando frases para que ella pudiera iniciar una charla en la plaza.
Sumamos pantallas con dibujitos educativos en inglés.
Hicimos lo que pudimos, con lo que teníamos.

Y funcionó.

En seis meses Vico hablaba inglés como si hubiese nacido acá.
Pero lo más lindo no fue eso.
Lo más valioso fue verla florecer: segura, curiosa, empática.
Hoy sus maestras destacan cómo ayuda a otros chicos

a integrarse. Porque sabe —desde la experiencia— lo que es sentirse fuera.

Adaptarse sin perder la esencia

*Ser inmigrante no es cortar con nuestras raíces.*
Es trasplantarlas a otra tierra, y ver si florecen. Es enseñarles a nuestros hijos que no tienen que elegir entre dos mundos.
Que pueden ser ambos.
Y que su historia vale, aunque acá nadie la conozca.

Herramientas para acompañar a tu hijo en la adaptación

• Validá sus emociones: Que no te de miedo verlo triste. Es parte del proceso. Lo importante es que sienta que puede contártelo.

• Fortalecé su identidad cultural: Hablen en español, cuenten anécdotas del país, hagan recetas familiares. Que sienta orgullo, no nostalgia.

• Involucrate activamente: Participá en su escuela, conectá con otras familias latinas, creá momentos donde ambas culturas convivan.

**Testimonio**
- Gabriela, 38 años, mamá de mellizos

"*Mis hijos lloraban cada vez que los llevaba al preescolar. No entendían lo que les decían, no sabían jugar como los demás. Me costó no intervenir todo el tiempo. Hasta que Yesi me dijo: 'Tu trabajo no es evitarles el dolor, es acompañarlos con amor mientras lo atraviesan'. Y eso cambió todo.*"

Ejercicio práctico: Diario de identidad

Anotá tres costumbres o valores con los que creciste y que querés que tu hijo también viva.

Luego, pensá en tres cosas positivas del país donde vivís que te gustaría incorporar a su crianza.

¿Dónde podés encontrar el equilibrio?

Ese diario puede ser un ancla
para vos y un legado para él.

Sumá tu historia

¿Viviste alguna situación parecida?

¿Tenés una anécdota de adaptación con tus hijos que quieras compartir?

Subila a redes usando #RaízMadres y etiquetame. Criar lejos no tiene por qué ser criar aisladas. Compartir también es sostener.

Y si lo hacés comiendo algo rico, como un chocolate o alfajor... mejor todavía.

*No hay tierra extranjera para una madre que cría desde sus raíces.*

## CAPÍTULO 3
## CARGA MENTAL: EL PESO INVISIBLE QUE LLEVAMOS

Hay un cansancio que no se ve en las ojeras.
Que no se quita con siestas ni con café (ni con un ¼ de helado, aunque lo intentes).
Es ese agotamiento silencioso, que no siempre podemos explicar, pero que nos habita desde que nos convertimos en madres.

Se llama carga mental.
Y es ese zumbido permanente en la cabeza que no se apaga, ni cuando los chicos duermen.

*Pensar en todo, todo el tiempo*

La carga mental no es solo hacer.
Es pensar en hacer, planificar, anticipar, gestionar.

Es saber cuántas remeras limpias tiene tu hijo aunque nadie te lo haya preguntado.
Es recordar el vencimiento del seguro, las vacunas, el talle de zapatillas.
Es saber qué pasa con cada uno... incluso cuando no te dicen nada.

Todo eso, mientras llevás adelante una vida que también es tuya.
Trabajo, proyectos, pareja, cuerpo, casa.

Y ese conflicto constante entre hacerlo todo y no llegar nunca.

## Una carga invisibilizada por años

Desde la Psicología Social, entendemos que el sujeto no se constituye en el vacío: se construye en interacción con otros, ocupando roles, respondiendo a expectativas, adaptándose a estructuras.

Entonces, si bien la maternidad es una experiencia única, también es un rol social.
Y ese rol viene con mandatos:

- Ser disponible.

- Ser resolutiva.

- Ser perfecta.

- Ser todo para todos.

*¿Y qué pasa con nosotras?*

Pichón Rivière plantea que cuando el sujeto se cristaliza en un rol —sin posibilidad de circulación ni revisión— se genera sufrimiento.
Y eso es lo que pasa con muchas madres: se quedan

atrapadas en el rol de "organizadora de todo", sin red, sin descanso, sin validación.

La llamada "carga mental" no es un invento de mujeres exageradas: en 2017, un estudio publicado en la revista Sex Roles demostró que las mujeres siguen siendo las principales responsables de la gestión invisible del hogar y la familia, incluso cuando ambos miembros de la pareja trabajan a tiempo completo.

Es decir: no es solo percepción. Es estructura.
Es sistema. Es real.

*¿Y si te dijera que no es natural?*

La idea de que "las mujeres somos mejores para organizarnos" no es un talento innato.
Es una forma de justificar la sobrecarga.
La carga mental no tiene base biológica.
Es cultural. Es histórica.
Y es hora de visibilizarla.

**Testimonio**
– Adriana, 43 años, mamá de tres

*"A veces siento que mi cabeza es una computadora con 20 pestañas abiertas al mismo tiempo. Estoy en el trabajo, pero pienso en la lista de compras. Estoy cocinando, pero me acuerdo de que tengo que revisar la tarea de los chicos. Es agotador,*

*pero ni siquiera me doy cuenta... hasta que un día exploté."*

Cómo aliviar esa mochila invisible

- Delegá sin culpa: No sos menos madre por pedir ayuda. Al contrario. Estás mostrando que la crianza es una construcción colectiva.

- Poné límites: No todo es urgente. No todo es tuyo. Aprender a decir "esto no lo resuelvo yo" también es maternar.

- Organizá visualmente: Tener todo en la cabeza ocupa espacio emocional. Pasalo a papel, apps, pizarras. Liberá RAM mental.

- Regalate tiempo: Aunque sean 15 minutos. No te olvides que vos también existís más allá del rol de madre.

Ejercicio práctico: Auditoría de carga mental

Durante un día completo, anotá cada pensamiento, gestión o tarea que surja relacionada con tu familia.

Sí, todas. Desde "revisar si queda shampoo" hasta "mandar mail a la maestra".

Al final del día:

- Marcá en otro color lo que podrías delegar.
- Rodeá lo que podés posponer.
- Tachá sin culpa lo que no necesitás hacer.

Después, date 5 minutos para leer esa lista y reconocerte. Porque si nadie lo ve, al menos vos sí.

## Sumá tu historia

¿Querés compartir tu experiencia con la carga mental?
¿Te sirvió hacer el ejercicio?
Subilo a redes con el hashtag #RaízMadres y etiquetame.
En nuestra comunidad, estamos creando recursos para repartir la carga, no solo hablar de ella.
La maternidad compartida es más llevadera. Más humana. Más viva.

*Ser madre no es tener la mente en mil cosas. Es aprender a poner la cabeza y el corazón donde más importa, sin perderte a vos en el intento.*

## CAPÍTULO 4
## CRIANZA DESAPRENDIDA: ROMPIENDO PATRONES HEREDADOS

Crecimos con frases que hoy nos hacen ruido.
*"Porque yo lo digo"*
*"Los chicos no opinan"*
*"Un buen correctivo a tiempo evita problemas"*

Y claro... así nos criaron. Y acá estamos. Pero cuando nos toca maternar, algo adentro se despierta.
Y aparece la pregunta:
¿Quiero criar igual que como me criaron a mí?

Spoiler: no hay una sola respuesta.
Pero en mi caso, la tuve clara desde el primer día:
Quiero criar con respeto. No con miedo.
Quiero que mi hija me escuche porque confía en mí, no porque me tiene terror o porque no compartimos un mismo lenguaje.

Cuando criar se vuelve un acto político (y amoroso)

Criar distinto no es fácil.
Es *remar contra una corriente vieja, poderosa, ruidosa.*

Es escuchar cómo te dicen que sos permisiva, que tu hija se te va a subir a la cabeza.

Que si no castiga, no aprende.
Que "un chirlo a tiempo" no le hace mal a nadie.
Pero en el fondo, vos sabés que eso no está bien.
Y elegís, una y otra vez, no repetir lo que dolió.

### Desde la Psicología Social: el rol materno y el mundo interno

Pichón Rivière dice que todos actuamos desde un mundo interno, compuesto por nuestras experiencias, vínculos, modelos aprendidos.
Entonces, cuando materno, no solo estoy criando a mi hija:
*Estoy dialogando con la niña que fui, con la madre (o padres) que tuve, con los silencios y los gritos de mi infancia.*

Por eso, la maternidad consciente no empieza con la crianza, sino con el autoconocimiento.
No puedo enseñar regulación emocional si yo misma explotó cada vez que algo sale mal.
No puedo pedir empatía si yo no sé cómo cuidarme cuando estoy agotada.

Criar distinto requiere primero desaprender, revisar, y construir desde otro lugar.

El entorno también educa (para bien o para mal)

En Argentina, Vico asistía a un jardín Waldorf. Ahí aprendía desde la curiosidad, se valoraba el proceso, el juego libre, el alma del niño. Era un entorno que la abrazaba, donde también se abrazaba a las familias, integrando de forma activa a los padres y haciendo que el ámbito escolar fuera, en realidad, una comunidad en movimiento, construida en pos de una infancia positiva e integradora.

Ojalá todos los niños pudieran tener acceso a una educación más alineada con pedagogías sensibles como la Waldorf o la Montessori: enfoques que ponen en el centro el respeto, el vínculo y el ritmo propio de cada infancia.

Gracias, Escuela Waldorf Semilla Dorada, por enseñarnos que sí es posible educar desde el amor, la libertad y la mirada plena. Por mostrarnos que otra forma de acompañar es posible... y necesaria.

Pero cuando llegamos a EE.UU., el choque fue brutal.

En su primer preescolar, el estilo de trato, el tono de voz y las medidas de disciplina eran muy diferentes a lo que estábamos acostumbrados. Los niños que "se portaban mal" eran regañados en voz alta, incluso ridiculizados. Vico volvía de la escuela incómoda y angustiada.

Un día, me preguntó: "Mamá, ¿por qué gritan tanto en esa escuela?"

Fue entonces cuando supe que no podía permitir que su esencia se apagara solo por adaptarse.

Nos tomó poco tiempo cambiarla de ambiente, y no me arrepiento.

*A veces, sostener a nuestros hijos también es sacarlos de donde no pueden florecer.*

Además, Vico comenzó a sentirse diferente, pero no de la manera positiva que uno esperaría. Su estética, con sus rulos desordenados, contrastaba con la de los otros niños, y ya no era solo el idioma o las costumbres. La falta de un peinado fijo y tirante como el de las demás niñas la llevó a sentir que su aspecto no encajaba, y el término "despeinada" se convirtió en una etiqueta. Fue ahí cuando, por primera vez, experimentamos el impacto del bullying y sus consecuencias.

Vico pasó de ser una niña alegre a golpearse, aplastando sus rulos en el baño al llegar a casa, mientras decía que estaba "despeinada" y "era horrible".

Fue un golpe duro, pero en lugar de quedarnos atrapados en la culpa, lo transformamos en una oportunidad para trabajar en su amor propio y su seguridad.

Este *fue un trabajo en equipo.* Su papá también se sumó a esta misión de recuperar a la Vico de siempre, y con tiempo, paciencia, empatía, y mucho amor, no solo recuperamos a la Vico alegre, sino que la vimos crecer más segura y fuerte.

Sus rulos ya no eran "despeinados", sino divertidos, y su look dejó de ser "horrible" para convertirse en su estilo libre. Aprendimos sobre el método curly, sobre cómo fluir con nuestro contexto, y entendimos que una dinámica familiar sólida puede ser la clave para superar los desafíos.

**Testimonio**
– Gimena, 36 años, *mamá de dos*

*"Cuando decidí dejar de usar los gritos como recurso, mi entorno me miraba como si hubiera perdido el control. Pero con el tiempo, mi hijo empezó a hablarme más, a contarme lo que sentía. Y ahí entendí que criar con respeto no es debilidad: es coraje emocional."*

## Herramientas para no repetir lo que dolió

1. Cuestioná tus creencias heredadas

- Preguntate: ¿Por qué hacés lo que hacés? ¿Lo elegiste vos o viene instalado de fábrica? Muchas veces repetimos formas de criar que nos enseñaron sin revisar si hoy siguen teniendo sentido para nosotras.

2. Criá con firmeza, pero desde la calma

- Los límites no necesitan gritarse. Aprender a gestionar nuestras emociones es clave: no para ser madres perfectas, sino para ser madres presentes. El respeto se enseña con el ejemplo.

3. Validá su identidad desde casa

- Tu hijo va a enfrentarse a un mundo que muchas veces lo va a querer encasillar. Que tu hogar sea el lugar donde pueda ser libre. Donde sus rulos, su voz y su forma de sentir sean celebrados, no corregidos. Porque saberse amado tal como uno es, fortalece desde adentro.

## 4. Creá un entorno seguro emocionalmente

- Un ambiente donde pueda expresar lo que siente sin miedo. Donde sepa que no tiene que "portarse bien" para merecer tu amor. Donde equivocarse no es sinónimo de rechazo, sino de oportunidad para aprender.

### Ejercicio práctico: Identificando patrones

Escribí 3 frases o formas de crianza que heredaste y que hoy ya no te representan.
Después, pensá: ¿Qué podés hacer distinto?

Ejemplo:
- "Si no llora, no aprende" → Nueva mirada: "*El respeto enseña más que el miedo.*"
- "Así me criaron a mí y estoy bien" → Nueva pregunta: *¿Y si podés estar mejor?*

### Ejercicio práctico: Acompañar sin borrar su esencia

*Pensá en una situación reciente donde tu hijo o hija se haya sentido diferente, incómodo o rechazado por algo propio de su identidad (su cuerpo, su forma de hablar, su estilo, su cultura, su emocionalidad).*

Preguntate:

¿Cómo reaccioné yo en ese momento?

¿Qué mensaje recibió mi hijo o hija de mí?

¿Qué podría hacer la próxima vez para que se sienta validado tal como es?

Y para cerrar, completá esta frase:

"Quiero que mi hijo/a sepa que está bien ser _____, aunque el mundo le diga que no."

Sumá tu historia

¿Estás transitando una crianza distinta a la que tuviste?
¿Estás rompiendo patrones aunque no siempre tengas apoyo?
Contalo en redes con el hashtag #CriandoConConciencia y etiquetame.
Porque cuando compartimos estas batallas internas, dejamos de sentir que estamos solas contra el mundo.

*Criar distinto no es criticar tu pasado. Es honrar tu presente eligiendo algo mejor para el futuro.*

## CAPÍTULO 5
## EL PODER DE LOS VÍNCULOS: AMIGAS, REDES Y RAÍZ

La maternidad transforma todo.
No solo tu cuerpo, tus rutinas o tus prioridades...
Transforma tus vínculos.

De repente, lo que antes era fácil —una salida improvisada, una charla de madrugada, un abrazo espontáneo— ahora parece una logística de alto riesgo. Coordinás horarios, pedís permiso, rogás por una niñera disponible o soñás con una ducha tranquila.
Y sin darte cuenta, las relaciones cambian.

No porque se pierda el cariño, sino porque cambiamos nosotras.
*Ya no somos las mismas, y eso es algo que asusta y libera al mismo tiempo.*

Nuevas raíces, nuevos espacios

La maternidad te lleva a habitar otros mundos:
El parque, la sala de espera del pediatra, el grupo de WhatsApp del preescolar.
Espacios donde empezás a conectar con otras madres que, como vos, están un poco desveladas, un poco perdidas... y muy necesitadas de contención.

Y ahí pasa algo mágico:
Se forma una red nueva.

Una red que no juzga, que acompaña.
Una red que no pregunta si hiciste todo bien, sino si querés un té o un rato para llorar.

Red de apoyo: más allá del like o el emoji

Mi eslogan como profesional siempre fue:
*La maternidad no se juzga, se construye y se acompaña.*
Y no hay frase que refleje mejor lo que creo.

Una red de apoyo real no se mide por cuántos mensajes mandás al día.
Se construye en el vínculo genuino, en la escucha sin juicio, en la presencia real aunque estén a miles de kilómetros.

Porque en esta era donde usamos emojis para expresar emociones y aceleramos los audios a x2, confundimos conexión con contacto, y eso no siempre basta.

Una red real es esa que te manda un "¿cómo estás?" cuando no subiste historias en dos días.
La que aparece con una frase justa cuando no lo pediste. Esa que se alegra por tus logros como si fueran propios.
La que te banca sin filtro, sin expectativa.

## Desde la Psicología Social: vínculos como sostén y transformación

Pichón Rivière sostiene que los vínculos no solo nos configuran, sino que nos permiten transformarnos. Somos sujetos sociales. Necesitamos de un otro para reconocernos, para proyectarnos, para reconstruirnos.

En la maternidad, este principio se vuelve urgente. Porque criar sin red no solo agota, también fragiliza.

*Una madre sin sostén puede volverse su propia enemiga.*
Dudando de todo, exigiéndose el doble, cayendo en soledades silenciosas.
Por eso, crear comunidad no es un lujo. Es una herramienta de salud mental.

**Testimonio**
– Mónica, 35 años, mamá soltera

"Cuando nació mi hijo, me sentía sola aunque estuviera rodeada. Las redes me mostraban madres felices, casas ordenadas, niños impecables. Me sentía un bardo. Hasta que conocí un grupo de madres inmigrantes como yo. Desde ahí, entendí que el caos compartido es menos caos. Y empecé a reírme, a aprender, a no juzgarme tanto."

## Mi camino hacia Raíz

Cuando vivía en Argentina trabajaba home office para una gran empresa de servicios. Estuve seis años en ese rol, incluso medio año más desde Estados Unidos. Y si bien podría pasar como un dato más, para mí fue significativo. Por eso, necesito hacer un paréntesis breve pero sentido: gracias, Diego Lema. Fuiste ese jefe que me vio cuando otros preferían no ver. Que me desafió con objetivos que a veces daban vértigo y que me hizo confiar en mis capacidades, en un mundo donde todo es exprés y superficial, tu mirada y confianza fue una apuesta real. Y eso se agradece fuerte.

Retomando... trabajar en pesos y vivir en dólares pronto dejó de ser viable. A eso se le sumaron problemas familiares en Argentina, el duelo migrante silencioso y la montaña rusa de adaptarse a una nueva vida. Mi trabajo remoto se resintió y llegó el cierre de ese ciclo. Fue doloroso. No era solo un empleo, era el último hilo cotidiano con mi tierra.

Ahí empezó la etapa de "cuidado infantil full time". Venía de un rol de auditora, solitario y poco querido —porque, seamos sinceras, nadie quiere que lo auditen ni que le marquen errores con amabilidad pero sin filtro—. De repente, mi nueva rutina eran canciones infantiles, paseos al sol y mamaderas. Pasé de auditar planillas a recibir miradas de amor. Rejuvenecí.

Mis días se llenaron de multiculturalidad, español compartido con orgullo, y experiencias intensas con bebés y familias. Y sin darme cuenta, mientras cuidaba, también acompañaba. Las mamás primerizas empezaron a pedirme consejos. Las charlas se convirtieron en asesorías. Las niñeras me preguntaban cómo armar su perfil profesional. Las familias me pedían que les recomendará cuidadoras como yo.

Así nació Siempre Primeriza, mi primer intento de ponerle nombre a todo eso que me estaba pasando. Y durante casi un año, fue mi carta de presentación. Pero algo en mí seguía en proceso. Porque yo también me estaba reinventando. Y no solo como mamá, sino como mujer, como inmigrante, como profesional.

Entonces todo confluyó y tomó forma en Ye Cabral, mi marca, mi identidad, mi empresa. Y con ese cambio, llegó la necesidad de escribir este libro. De poner en palabras lo que tantas veces compartí de forma hablada o intuitiva. De crear un espacio donde las madres reales, hispanas e inmigrantes, encuentren herramientas, abrigo, empuje y humor. Donde puedan saberse parte de algo más grande.

Así, Raíz dejó de ser solo una metáfora para convertirse en comunidad. Un lugar donde otras mujeres también se reconstruyen.

Juntas.
Sin filtros.
Sin maquillaje.
Como somos.
Como estamos.

La pareja como parte de la red

Si compartís la crianza con una pareja, esa es tu primera red.
Y muchas veces, la más descuidada.
Porque damos por hecho que si convivimos, estamos acompañadas.
*Pero estar bajo el mismo techo no garantiza presencia emocional.*

Un equipo parental funcional se construye:
- Delegando.
- Validando.
- Escuchando lo que no se dice con palabras.

A veces, ese otro es el que te ve cuando vos no te ves.
El que te dice: "Soltá, yo me encargo."
Y eso… vale oro.

Y si de agradecer se trata, quiero decirlo con todas las letras:
**Gracias, Nacho**.
Por ser mi equipo, mi compañero de ruta, mi cable a

tierra y mi abrazo constante.
Por poner el 70% cuando mi rol de mamá solo puede con el 30%.
Por sostener cuando yo tambaleo, por mirar a nuestra hija con la misma ternura con la que me mirás a mí cuando estoy al límite.
No hay planilla de Excel que pueda calcular lo que significa saber que si yo no llego, vos estás ahí.
Y eso, para mí, es amor en su forma más real.

Ejercicio práctico: Mapa de red actual

Escribí los nombres de las personas que hoy forman parte de tu red.
Al lado, anotá qué tipo de apoyo te brindan.

Después, respondé:
- ¿Qué te gustaría mejorar en esos vínculos?
- ¿Qué sentís que falta?
- ¿Cómo podrías fortalecer esa red?

No para tener más personas, sino para tener vínculos con más calidad.

Sumá tu historia

Si sentís que querés ser parte de un espacio real, con madres reales, te invito a sumarte a Raíz.
Compartí tu historia en redes con el hashtag

#RaízMadres y etiquetame.

No hay nada más poderoso que una red que crece con amor, con verdad y con presencia.

*Una madre sin red se sostiene sola.*
*Una madre con raíces... florece.*

## CAPÍTULO 6
## RENOVARSE SIN PERDERSE: ADAPTACIÓN ACTIVA Y CRECIMIENTO

La maternidad tiene esa capacidad de hacerte sentir que perdiste un poco de todo:
El tiempo, el cuerpo, las rutinas, las amigas, las palabras que alguna vez usabas sin interrupciones.
Y con suerte —o terapia— entendés que en realidad no te perdiste... te transformaste.

*"¿Sigo siendo la misma?"*

Spoiler: no.
Y no tiene por qué doler.
Porque no se trata de volver a ser la de antes, sino de darle lugar a la mujer que se está reconfigurando ahora.

Cuando además de madre, sos inmigrante, el proceso de transformación se duplica.
No solo cambiás de etapa. Cambiás de idioma, de cultura, de códigos, de clima.
La "mamá" que te habías imaginado allá, no es la misma que necesitás ser acá.

Y eso —aunque duela al principio— es una oportunidad.

Adaptarse no es resignarse

La Psicología Social habla de la adaptación activa a la realidad:
No se trata de aceptar todo sin cuestionarlo, ni de sufrir cada cambio como si fuera una pérdida.
Se trata de integrarte a lo nuevo desde lo que sos, tomando lo que te sirve y soltando lo que no.

En la práctica, esto puede ser:

- Hacer tu versión del baby shower (aunque allá no existan).

- Dejar que tu hijo tenga la experiencia de ir al cole en BUS, aunque te de miedo (a Vico le gusta pero más le gusta quedarse durmiendo un poco más jajaja)

- Hablar español en casa aunque tu hijo te conteste en inglés.

- Milanesas con puré aunque todos los demás lleven mac & cheese al evento escolar.

Ser raíz no es aferrarse al pasado, es nutrir desde el origen.

El símbolo de la raíz

Siempre digo que somos la raíz de nuestros hijos.
No importa en qué tierra estemos sembradas.
Si la raíz está fuerte, el árbol crece recto.

Podemos estar lejos del país, de la familia, de la lengua...
pero si estamos conectadas con nosotras mismas —en eje con lo que pensamos, hacemos y decimos—,
nuestros hijos siempre tendrán un hogar seguro.

*Una madre firme es refugio. Es ancla. Es sostén emocional.*
Por eso este libro se llama *Raíz*, porque no hay crianza posible sin conexión con nuestro origen,
sin identidad, sin pertenencia.

Raíz es el símbolo de lo que somos como madres, pero también de lo que traemos:
nuestras historias, nuestras culturas, nuestras creencias, nuestras decisiones.
Y así como una planta crece hacia la luz, nosotras también crecemos en dirección al amor,
alimentadas por lo invisible, lo profundo, lo que no siempre se ve... pero que sostiene todo.

A mi comunidad la llamó *Raíz* porque ahí las madres no crecen o florecen por azar.
Se nutren, se abrazan, se reconstruyen y se acompañan

como lo hacen las raíces bajo tierra:
con fuerza, con sentido y en red.

**Testimonio**

– María, 41 años, madre y terapeuta

*"Durante los primeros años de maternidad, sentía que me había diluido. Era mamá, pero ya no me reconocía. Hasta que una noche, agotada, me puse a escribir otra vez, como hacía antes. Y lloré. Pero no de tristeza. Lloré de reencuentro. Ese día entendí que yo también necesito sostenerme."*

Mi proceso de reinvención

Yo también me perdí.
Hubo un tiempo donde sentía que mi yo profesional, mi creatividad, mi voz se habían quedado atrás, en otra vida.
Pero no me quedé ahí.
Decidí buscar qué me hacía bien, incluso si dolía, incluso si no sabía por dónde empezar.

*Hoy, puedo decir que me reinventé.*
Que volví a encontrar propósito.
Y que ese proceso no solo me hizo mejor profesional…
Me hizo mejor madre.

Porque todo lo que viví, se lo enseño a mi hija con mi ejemplo.

A elegirse, a reconstruirse, a no quedarse donde no es feliz

y a darse tiempo cuando la duda se hace presente.

Herramientas para no perderte en la maternidad

- Agendá tiempo para vos: Aunque sean 15 minutos (si es más mucho mejor). Leer, bailar, caminar sola. Lo que sea que te devuelva a vos.

- Seguí aprendiendo: Un curso, un taller, una charla. Algo que te mantenga creciendo.

- Acepta el cambio: No sos la misma. Y eso no te borra. Te enriquece.

Ejercicio práctico: Reconectando con tu identidad

1. Escribí tres cosas que te hacían feliz antes de ser mamá:_____.

2. Elegí una que puedas recuperar hoy, aunque sea por 10 minutos a la semana:_____.

3. Planificá cómo vas a hacerlo posible. Y comprométete con vos:_____.

No es egoísmo. Es autocuidado. Y el autocuidado, para una madre, es una forma de amar más sanamente.

## Sumá tu historia

¿Hiciste algo esta semana para reconectar con vos? ¿Volviste a pintar, a cantar, a escribir, a mirar series sin culpa?
Subilo a redes con el hashtag #RaízMadres y etiquetame.
Inspirémonos juntas.
Porque cuando una madre se elige, enseña a su hijo a elegirse también.

*No somos las de antes.*
*Somos la versión que sobrevivió al caos y eligió crecer igual.*

## **CAPÍTULO 7**
### LA CULPA MATERNA: EL PESO INVISIBLE QUE NOS PERSIGUE

Hay cosas que una espera cuando se convierte en madre: el cansancio, el caos hormonal, la dificultad para volver a usar pantalones sin elástico...
Pero lo que nadie te advierte es que, junto con el bebé, nace una nueva versión de tu conciencia: **la culpa.**

La culpa materna.
Esa señora intensa que llega sin invitación, se instala cómodamente y opina de todo. Si por un momento pensaste que me refería a la suegra o la vecina, tranquila que no fuiste la única.

*¿Estoy haciendo lo suficiente?*

Desde que amanece hasta que (con suerte) cerrás los ojos en la madrugada, la culpa está ahí:

- ¿Le grité mucho?

- ¿Le di demasiadas pantallas?

- ¿Tendría que haberle puesto otra remera para el frío de Georgia?

- ¿Estaré exagerando con no dejarla comer tanta pasta con queso?

La culpa tiene mil formas, todas con cara de "podrías haberlo hecho mejor".

## El estándar imposible de la madre perfecta

Ese personaje que cocina todo orgánico, no pierde la paciencia, tiene la casa ordenada, sube reels con filtros de hadas y amanece haciendo yoga con el sol de fondo... NO EXISTE.

Y si existe, probablemente tiene un ejército de niñeras, una madre jubilada con disponibilidad full time, un nutricionista en el grupo de WhatsApp, una editora de video, y dos asistentes que le sostienen el termo fashion con agua ionizada y rodajas de limón.

Pero claro, eso no lo ves en Instagram.

Lo que ves es la escena montada, el resultado final después de que maquillaron el caos, escondieron los juguetes, y se tomaron 23 tomas para subir un reel que dura 15 segundos.

Y vos, que estás con las ojeras hasta la mandíbula, con la bebé colgando de la teta y una tostada fría en la mano, te sentís insuficiente.

Te preguntás por qué no podés ser como esa madre.

Pero ¿sabés qué?

*Esa madre tampoco es así todo el tiempo.*

El problema es que la sobreexposición a modelos de maternidad "perfecta" nos intoxican.

Nos hace pensar que estamos haciendo todo mal, que deberíamos ser más productivas, más pacientes, más lindas, más organizadas... Y en esa *búsqueda eterna de ser "más"*, nos *perdemos a nosotras mismas.*

Yo me pregunto: ¿y si esas madres, tan impecables, están descuidando lo esencial por mostrar lo estético?

¿Y si, por estar tan enfocadas en encuadrar una vida perfecta, se pierden de habitar la maternidad real?

La crianza verdadera no siempre tiene estética de Pinterest.

Tiene platos sin lavar, ropa con manchas de yogur, pelos atados con lo primero que encontramos, y niños que se duermen sin cepillarse los dientes (y a veces, nosotras también).

Y eso también es amor.

Del real. Del que no necesita filtros ni hashtags para validarse.

## Desde la Psicología Social: ¿por qué sentimos culpa?

La culpa nace cuando hay una diferencia entre lo que hacemos y lo que creemos que deberíamos hacer.

Pero esa idea de "cómo deberíamos ser" muchas veces viene cargada de creencias, mandatos y expectativas sociales que no tienen en cuenta nuestra realidad.

Desde el enfoque de Pichón Rivière, lo que traemos de nuestro mundo interno —esos vínculos, modelos, frases y heridas que nos formaron— influyen directamente en cómo maternamos... y también en cómo nos juzgamos.

**Testimonio**
- Lorena, 36 años, mamá de dos

*"Una vez me olvidé que era el día de disfrazarse de superhéroes en la escuela. Mandé a mi hijo vestido normal y me sentí la peor madre del mundo. Esa tarde lloré... hasta que él me dijo: 'No importa, mami. Yo era Clark Kent'. Me reí y aprendí que los chicos no nos juzgan como lo hacemos nosotras."*

Mi experiencia con la culpa

Yo nunca fui culposa.
Pero la maternidad... *ay, mamita*.
La maternidad me hizo conocer esa sensación como quien se topa con una ex en el súper: incómoda, intensa y fuera de horario (eso es lo que imagino, porque nunca me pasó).

Hubo días en los que, cansada, no fui tan paciente como quería.

Y la culpa apareció con su disfraz de "exigencia":
*"Deberías haber reaccionado mejor."*

Ahí fue clave mi marido, que me repetía:
*"No te exijas tanto, lo estás haciendo bien. Y además, es una niña... tiene 5, no 25."*

A veces, cuando Vico se duerme me tomo unos minutos para taparla, darle su segundo beso de buenas noches y la contempló, contempló su mano pequeña, que me recuerda que recién está aprendiendo a vivir, intento mirar su dormir en calma para calmarme a mí misma.

*A veces, necesitamos que alguien nos saque de la cabeza y nos devuelva al corazón.*

### Resignificando la culpa

Con el tiempo entendí que la culpa no siempre es enemiga.
Puede ser un aviso:
*"Esto que hiciste, ¿va con tus valores?"*

Y si no, se repara.
Pero otras veces, es puro ruido mental, esa vocecita que deberíamos mandar a freír churros.

Porque cambiar patrones —romper con lo que nos crió— es agotador.

Y no siempre nos va a salir perfecto.
Pero elegimos ese camino. Y eso, ya es un montón.

### Herramientas para liberar la culpa

- Aceptar que no existe la madre perfecta: Ni vos, ni yo, ni la del Instagram de maternidad minimalista.

- Ser amable con vos misma: Si no te cuidás, ¿cómo vas a cuidar?

- Centrarte en lo que sí hacés bien: Y sí, también cuenta si lograste que coman sin llorar (demasiado) porque no pusiste en la mesa el menú que ellos esperaban.

- Buscar apoyo y descansar: Porque nadie puede con todo, aunque el algoritmo diga lo contrario.

### Ejercicio práctico: Carta de compasión

Escribite una carta como si fueras tu mejor amiga.
Sí, esa que te dice:
*"Estás cansada, pero estás criando con amor. Estás haciendo lo mejor que podés."*

Pégala en la heladera, en el baño o donde la puedas leer cuando la culpa quiera meterse por la ventana.

## Sumá tu historia

¿Tuviste alguna vez un momento de culpa que lograste resignificar?
¿Una historia que merezca ser contada?
Compartila en redes con el hashtag #RaízMadres y etiquétame.
A veces, lo que a vos te liberó, puede ser el alivio de otra.

*La culpa aparece cuando olvidás todo lo que hacés bien.*
*Y vos, mamá... hacés mucho más de lo que creés.*

## CAPÍTULO 8
## LA MATERNIDAD Y LA PAREJA: ¿SOBREVIVIMOS O NOS REINVENTAMOS?

Dicen que donde hubo fuego, cenizas quedan... Pero a veces, lo que queda es una mamadera sin tapa, una media perdida y un bebé llorando a las 3:47 a.m.

Spoiler: la maternidad no mata a la pareja. Pero la saca del freezer, la sacude un poco y te dice: "a ver si realmente esto era amor o solo Netflix compartido".

*De pareja a equipo funcional (con ojeras y más delivery)*

Antes éramos dos:
Salidas, cenas, intimidad espontánea (¡qué antiguo suena eso!).
Ahora somos un equipo que negocia con la precisión de cancilleres diplomáticos:
-¿Quién se encarga del after school?
-¿Vos bañás o preparas la cena?
-¿Quién se acuerda del Día del Sombrero Loco en el jardín? Porque claro, además de criar, trabajar y sostener el hogar... ahora también somos productoras de vestuario escolar.

Y cuando arranca la escuela, ¡ni te cuento! Una semana entera de consignas fashion: lunes de superhéroe, martes con pijama, miércoles de pelos locos... ¿y el

jueves? ¡Madre colapsada!
Y lo peor: ¡nadie te entrena para eso!

Acá aparece algo vital: la comunicación bidireccional. No es solo hablar. Es también escuchar, validar y construir con el otro.

No se trata de quién lava más platos, sino de cómo logramos no matarnos mientras criamos juntos (y si de paso nos reímos, mejor).
Porque cuando te llega el tercer recordatorio del "día del sombrero loco" y tu pareja te pregunta si era hoy o mañana... ahí es cuando entendés que la comunicación también necesita logística.

Por eso, en casa implementamos algo revolucionario (o al menos para nosotros): una pizarra calendario visible.

Sí, esa que dice cuándo hay que mandar la cartulina, qué día es el evento de disfraces, y cuándo hay que recordar que mamá tiene taller y papá juega al fútbol..

No hace milagros, pero al menos ya no discutimos por quién olvidó la reunión de padres. Bueno, casi nunca.

*La intimidad: esa gran desconocida de la maternidad reciente*

Y sí, vamos a hablar de sexo.
O mejor dicho, de su misteriosa desaparición.
Después del parto,
entre las hormonas revolucionadas,
la cuarentena (que de "cuarenta días" solo tiene el nombre simbólico),
los puntos que tiran, el bebé que se despierta cada vez que pensás en tocarle la mano a tu pareja,
y el cuerpo que parece haber entrado en "modo supervivencia"... la libido se muda a otro país sin pasaporte ni fecha de regreso.

Porque sí, el famoso "seis semanas después" que suelen marcar como el regreso a la actividad sexual no es una fecha mágica.

Según estudios del *Journal of Sexual Medicine*, más del 50% de las mujeres reportan una baja del deseo sexual que puede extenderse por varios meses o incluso un año después del parto.
Esto se debe no solo a los cambios hormonales (como la prolactina elevada durante la lactancia, que suprime el deseo), sino al agotamiento físico, la carga mental, la falta de sueño y el simple hecho de que ¡nos sentimos tocadas todo el día!
¿Y cómo vas a querer "ser tocada" otra vez cuando ni vos sabés dónde termina tu cuerpo y empieza el de tu bebé?

*Pero la intimidad no es solo sexo.*

Es ese chocolate compartido (o cualquier tontería que se reparte con amor aunque sea algo pequeño),
esa charla al final del día sin interrupciones,
ese "te veo, sé que estás agotada" dicho con una caricia.
Es conectar desde la mirada, el humor, la presencia.
Ese gesto de esperarte con la cena preparada.
Y a veces también… sí, sexo.
Pero sin presión, sin guión, sin culpa. Cuando el cuerpo y el alma lo permitan.

**Testimonio**
− Nico & Clara, 7 años de pareja, 3 de padres

*"Pasamos de dormir abrazados a dormir con una pierna de nuestra hija en la cara. Pero aprendimos a encontrarnos en otros gestos: él me deja café preparado (yo no tomo, pero lo amo), y yo le pongo las medias que le gustan después del lavado. Eso también es amor."*

Mi experiencia: comunicación y humor, nuestros superpoderes

Con el gordo, mi partener de vida, siempre nos salvó una mezcla:
respeto, admiración, diálogo… y mucho humor.

Si yo estaba a punto de llorar de cansancio, él hacía un chiste.
Si él no daba más (o ahora que le cuesta despertar a la mañana) nos completamos con Vico para hacerle un "ataque de besos" mientras en pijamas nos tiramos encima, eso siempre le roba una sonrisa.

No dábamos nada por sentado.

Ni el deseo, ni el agotamiento, ni la conexión.
Y eso hizo que incluso en el caos, cuando nuestra hija era bebe encontráramos lugar para mirarnos y decir: *"Ey... seguimos siendo nosotros, aunque ahora haya más pañales que salidas románticas."*

## Desde la Psicología Social: el vínculo como hogar emocional

En pareja, también hay que construir una Raíz compartida.
Un vínculo firme, con comunicación auténtica, donde ambos se sientan parte.
Donde criar no sea una competencia ni una carga, sino una aventura (con muchos sobresaltos y alguna que otra siesta perdida).

Desde la Psicología Social, particularmente tomando a Pichón Riviere, entendemos que los vínculos significativos son escenarios donde se juega nuestra adaptación activa a la realidad. En este caso, la maternidad/paternidad nos enfrenta a una nueva realidad, y para no quedar atrapados en el conflicto, tenemos que transformar esa tensión en aprendizaje compartido.

Eso se logra en pareja cuando existe lo que él llama una *comunicación dialéctica*, que no es otra cosa que un diálogo donde ambas partes pueden expresar su subjetividad sin que eso implique entrar en una lucha de poderes.

Además, Pichón sostiene que todo vínculo está compuesto por tres elementos:
* La tarea,
* el vínculo afectivo
* y el contexto.

En la crianza, la tarea es clara: cuidar, sostener y acompañar a nuestros hijos.

Pero si ese vínculo afectivo se debilita —si uno se siente invisible, agotado, criticado o solo—, entonces esa tarea se vuelve mucho más pesada.

Y el contexto (migración, falta de red, demandas externas) no siempre ayuda.

*Por eso, la pareja necesita ser un espacio seguro también para los adultos,* donde podamos decir: "**Hoy no puedo más**" sin que eso sea interpretado como debilidad.

Una pareja con un vínculo fuerte no es la que nunca discute, sino la que aprende a leerse, a sostenerse y a redefinirse cada vez que cambia la dinámica familiar. Y sí, cambia seguido. Como todo lo vivo.

Herramienta práctica: "Check-in de pareja"

Tómense 20 minutos (sí, ¡aunque sea cuando el bebé duerma!) y conversen sobre esto:

1. ¿Qué estamos haciendo bien como equipo?_____
_____
_____.

2. ¿Qué podríamos mejorar sin culpas ni reproches?_____
_____
_____.

3. ¿Qué necesitamos cada uno para sentirnos más conectados?_____
_____.

4. Compromiso: Una acción semanal que quieran tener el uno con el otro. (Ej: un desayuno juntos, apagar pantallas media hora antes de dormir, etc.)_____.

Sumá tu historia

¿Querés compartir tu experiencia de cómo la maternidad impactó tu vínculo de pareja?
Subí una historia con el hashtag #CrianzaEnEquipo y etiquétame.
Porque criar juntos también se aprende… y se reinventa.

*La maternidad puede ser un huracán,
pero si el otro sabe sostener el paraguas con vos,
la tormenta también se vuelve hogar.*

## CAPÍTULO 9
### EL ROL DEL PAPÁ EN LA CRIANZA: MÁS QUE UN ESPECTADOR

Hay frases que ya no deberían existir.
"Me ayuda con los chicos", "Colabora con la casa" o el clásico "Es un padrazo porque cambia pañales".

Y yo me pregunto...
¿cómo sería no cambiar pañales del hijo que pariste con él? ¿Es un superpoder eso?
Spoiler: **No está ayudando, está ejerciendo su rol.**

A diferencia de mí, que no me puedo quejar del padre que elegí para mi hija —equipo, compañero, sostén y espejo—, todavía hay muchísimos padres que no terminan de comprender la magnitud de su rol.

Un papá presente no solo sostiene pañales ni horarios. *Sostiene la autoestima, modela los vínculos, enseña con el ejemplo.* Y cuando está ausente o pasivo, esa ausencia no se disuelve con los años: deja huellas que se arrastran hasta la adultez.

Paternidad: no se nace, se construye (y se ensucia en el camino)

A diferencia del instinto materno
—que muchas veces se activa como una alarma interna que te avisa cuando tu bebé suspira más fuerte,—
la paternidad no llega así, de fábrica.

Se aprende en el hacer.

En cambiar pañales torcidos, en calmar llantos con torpeza, en armar mochilas con medias que no combinan.

**Se aprende equivocándose… y repitiendo.**

Y ahí es donde, muchas veces, somos nosotras mismas quienes cerramos esa puerta.

Porque "lo hace raro", porque "yo lo hago más rápido", porque "le da el puré y termina más en el techo que en la boca".

Lo que empieza como una crítica leve, termina con un "dejá, ya lo hago yo".

Y claro, **después nos quejamos de que no participa**, cuando en realidad le sacamos la posibilidad de hacerlo a su manera.

Y acá levantó la mano. No me puedo quejar del padre que tiene mi hija. Hoy somos un verdadero equipo, pero eso no nació por arte de magia ni por genética. *Detrás de ese rol hubo mucho aprendizaje, idas y vueltas, enojos míos y también frustraciones.* En algún momento entendí que **yo también tenía que soltar.**

Que necesitaba paciencia para explicar cosas que para mí eran obvias,

pero para él no.

Y cuando solté la exigencia, cuando dejé espacio,

él lo ocupó con presencia, con ganas,
con compromiso. Y creció en su paternidad.
Porque ser parte implica equivocarse y seguir.
Ser parte es bancarse que la remera no combine con el pantalón, pero saber que ese papá se sentó a jugar, a escuchar, a abrazar.
Ser parte es hacerlo a su modo. No queremos un clon materno con barba, **queremos un padre real**, con todo lo que eso significa.

Y sí,
hay padres que aún no comprenden
la magnitud de su rol.
Que no registran que su presencia activa no solo alivia a la madre, sino que marca profundamente el desarrollo emocional del hijo que crían.
Por eso, **dejemos espacio**. Exijamos desde el amor, acompañemos desde la empatía y celebremos cuando ese otro empieza a hacer sin que lo miremos de reojo.

*Porque la paternidad no se improvisa.*
*Se construye.*
Y si hay un poco de desorden, manchas de puré y medias disparejas... entonces va por buen camino.

## Padres ausentes: una mochila más en la espalda materna

También están los casos donde el padre simplemente no se involucra.
Porque nadie lo obligó, porque nadie se lo enseñó, o porque nadie le hizo ver que criar no es "ayudar", sino estar presente de forma activa, emocional y cotidiana.

Y ahí la mujer queda sola.
Con la criatura, la casa, el trabajo, la agenda escolar, el almuerzo del domingo, los cumpleaños infantiles, el informe del pediatra
y las clases de artes marciales.

Y una empieza a googlear "cuánto sale vivir en una isla desierta con wifi y sin humanos menores de 6 años".

Desde la Psicología Social, el desbalance en los roles parentales genera una estructura familiar asimétrica, donde la sobrecarga de una parte termina afectando los vínculos, la salud mental materna y el desarrollo del niño. No solo se trata de falta de ayuda: es una carencia estructural de referencia emocional.

Estudios como los del Child Development Institute y la American Psychological Association han mostrado que los niños que crecen con una figura paterna

emocionalmente ausente —aunque físicamente presente— tienden a presentar mayores dificultades en la construcción de vínculos seguros, baja autoestima, problemas de regulación emocional y, en algunos casos, trastornos de conducta en la adolescencia.
**La ausencia no es neutra: deja huellas**.

*Un padre que no cría, deja un vacío que no siempre se llena con más amor materno.*
No porque la madre no dé suficiente, sino porque un niño necesita diversos espejos donde verse reflejado, comprender su mundo y construir su identidad.
Y la figura paterna, cuando está presente con compromiso, no solo es sostén: es guía, es límite, es ejemplo.

Por eso, cuando no hay una pareja disponible,
es clave buscar redes de apoyo
y referentes masculinos positivos.
Un tío, un abuelo, un padrino presente. Porque criar en soledad no debería ser una condena. Y porque aunque el padre no esté, la madre nunca está sola si se sabe sostenida.

**Testimonio**
*- Gaby, 36 años, madre de uno*

"Mi marido decía que él no tenía paciencia. Hasta que un día se quedó solo con nuestra hija porque yo tenía una reunión. Volví y estaban jugando con harina en el piso. La cocina parecía la Antártida.

Pero la sonrisa de ella y el orgullo de él no los cambió por nada. Desde ahí, me hizo caso cuando le dije: no importa si lo hacés 'mal', ¡hacelo igual!"

La crianza como danza: a veces yo doy un paso, a veces él marca el ritmo

En casa, no hacemos cuentas.
Hay días en que yo estoy en 20% de energía vital y el gordo mete el 80% faltante sin quejarse.
Y hay otros días en los que él está en "modo avión", y yo me pongo la capa de superheroína.

**Porque no somos mitades.**
Somos enteros que se alternan para no dejar caer la casa, ni la crianza, ni el amor.

Desde la Psicología Social: vincularse no es natural, se construye

El rol del padre también debe desarrollarse desde el vínculo.
Y ese vínculo no se forma solo con la genética, sino compartiendo, errando, preguntando, cuidando.

*Si un padre siente que todo lo que hace es criticado, se desconecta.*
Es mejor que lo haga a su manera, aunque no sea como

lo haríamos nosotras.

Dejar que aprenda, permitirle equivocarse sin ironías ni sarcasmo.

Sí, aunque vista al bebé con los botones al revés.

*Yo no quiero un papá perfecto para mi hija. Quiero el mejor papá que ella pueda tener.*

Y para eso, yo también tengo que acompañar su paternidad,
no como una evaluadora con tabla de puntajes,
sino como alguien que cree en su capacidad, que valida, que enseña si hace falta y que también se deja enseñar.

Porque muchas veces,
él es quien me baja a tierra.
Él me recuerda que la nena tiene 6 años, que no hace falta dramatizar, y que si no quiere comer brócoli hoy, nadie va a perder la beca de Harvard por eso.

Ejercicio práctico: chequeo de equidad en la crianza

Reflexioná con estas preguntas:

- ¿Estoy dejando espacio real para que mi pareja críe activamente?_____.

- ¿Cómo reaccionó cuando hace algo distinto a como lo haría yo?_____.

- ¿Qué tareas o decisiones estoy cargando sola por hábito, no por necesidad?_____
_____.

- ¿Qué cosas podríamos acordar como dupla para que el día a día sea más justo y llevadero?_____
_____
_____.

## Sumá tu historia

Si este capítulo te hizo reflexionar, contame tu experiencia con el hashtag #CrianzaEnEquipo
Etiquetame y construyamos entre todos una paternidad más presente, real y compartida.

*Los hijos no necesitan padres perfectos, necesitan adultos que se animen a estar, equivocarse y volver a intentar.*

## **CAPÍTULO 10**
## CRIANZA EN LA ERA DIGITAL: EQUILIBRIO ENTRE PANTALLAS Y CONEXIÓN REAL

El eterno debate: ¿las pantallas son el demonio o una bendición moderna?

En teoría, todos quisiéramos que nuestros hijos crecieran corriendo libres entre árboles, jugando con bloques de madera y leyendo libros en voz alta...

Pero después de una jornada de trabajo, tres discusiones por los deberes, la cena aún sin hacer y el cuarto pareciendo un campo de batalla, una pantalla puede ser nuestra tabla de salvación.

Y está bien.

Si logras que no use pantallas, serás recompensada por los dioses de la maternidad (es irónico).

*La realidad no es blanco o negro.* No se trata de demonizar, sino de equilibrar. Usar las pantallas como una herramienta con intención, y no como la niñera oficial de la casa.

*Lo que la ciencia dice (y no podemos ignorar)*

Está comprobado que la estimulación excesiva por pantallas puede afectar el desarrollo de la corteza prefrontal, especialmente en los primeros años.

Esto impacta en la concentración, la autorregulación y el desarrollo cognitivo.

¿Eso significa que tenés que esconder el televisor y

vivir como en 1890? No.
Significa usar con conciencia, y no con culpa.

Elegir lo que suma: contenido con propósito

En casa, cuando hicimos uso de las pantallas, fue con criterio.
Cuando Vico estaba aprendiendo inglés, por ejemplo, no solo miraba dibujitos con enseñanzas positivas; miraba clases infantiles, programas sobre animales y ciencia que la ayudaban a comprender el idioma y estimular su curiosidad.

Algunas joyitas que recomiendo:

• Bluey: Nos recuerda el valor del juego simbólico y el vínculo emocional. Básicamente es la interpretación perfecta de la crianza respetuosa actual.

• Blippi: Ciencia y exploración con una cuota de humor (y movimientos imposibles de imitar, posta…).

• Camaleón y las naturales ciencias: Ideal para los chicos que hacen mil preguntas por minuto, educa a la vez que entretiene.

• Pocoyó: Simple, tranquilo y educativo. Perfecto para los más chiquitos.

*Momentos sagrados sin pantallas*

En casa, hay momentos que no se negocian.

- Las comidas en familia, especialmente la cena donde aprovechamos para conversar del día, o el almuerzo de domingo.

- Las conversaciones importantes, esas que si no las das ahora, terminás respondiendo con un "después hablamos"... y ese después nunca llega.

- El juego al aire libre, porque no hay algoritmo que supere el pasto entre los dedos o un paseo en bicicleta. Aunque la visita al parque con juegos (la clásica *plaza*) siempre es la opción ganadora.

*Control parental (más allá del botón)*

Los filtros no solo deben ser digitales, también deben ser humanos.

No todo es "cuánto tiempo" están frente a la pantalla, sino "qué están viendo" y cómo lo procesan.

Tips prácticos:

- Mirá el contenido antes o con ellos.

- Establecé una rutina predecible de uso (no después de las 7 PM, por ejemplo).

- Asociá la pantalla a responsabilidades cumplidas: "pantalla sí, pero después de la tarea / el baño / ordenar".

*Enseñar autorregulación: pantalla como privilegio, no como derecho*

En casa, la regla es clara: las pantallas no son parte del decorado diario.
No están ahí para rellenar silencios o resolver el aburrimiento.
Son una herramienta, y como toda herramienta, se gana con responsabilidad,
no como castigo, sino como parte del aprendizaje de valores como la paciencia,
la espera y la causa-consecuencia.

Hoy Vico sabe que puede ver un rato de contenido
si antes hizo sus tareas,
se bañó, ordenó su espacio o,
simplemente, tuvo un día en el que cumplió con su rutina con compromiso.

Además, por decisión familiar y por el cuidado de su desarrollo cognitivo y emocional, limitamos el uso de pantallas durante la semana.
Lo importante en esos días es la escuela, las actividades artísticas o deportivas, y, sobre todo, el

tiempo compartido en familia sin intermediarios tecnológicos.

El fin de semana es otro cuento: nos relajamos un poco y, si hay tiempo libre, puede elegir ver algo que también le sume, sin culpa ni exceso.

*Evitando el exceso... y la culpa*

La culpa es experta en aparecer cuando más cansadas estamos.

No sos una peor madre por ponerle un capítulo de Bluey mientras cocinás.

No sos negligente si usas una app para que aprenda colores en inglés.

Lo importante es estar presentes cuando realmente importa, y que las pantallas no sean un reemplazo de vínculo, sino un complemento con sentido.

### Ejercicio práctico: Diagnóstico digital en casa

Tomate 10 minutos para reflexionar:

- ¿En qué momentos del día tus hijos usan pantallas?_____.

- ¿Qué tipo de contenido consumen?_____ _.

- ¿Podrías reemplazar una parte de ese tiempo con alguna actividad compartida?_____.

- ¿Cómo manejás vos tu propio uso de pantallas frente a ellos?_____.

(Todo empieza por casa, ¿no?)

## Sumá tu historia

¿Te sentiste identificada?
Compartí tu estrategia para lograr equilibrio usando el hashtag #CrianzaEquilibrada y etiquetame.
Porque aprender entre madres reales, también es parte de esta era digital.

*No se trata de apagar la pantalla, sino de encender la conexión.*

## CAPÍTULO 11
## CRIANZA INTUITIVA VS. SOBREINFORMACIÓN: ¿A QUIÉN LE CREO?

Hoy ser madre se parece bastante a rendir un examen donde las preguntas cambian cada semana y nadie te dice cuáles son las respuestas correctas.

¿Colecho o cuna? ¿Lactancia exclusiva o fórmula? ¿Montessori, Waldorf, disciplina positiva o "hacer lo que se pueda y rezar"?

Te encontrás con expertos, cuentas de Instagram que parecen sacadas de una revista escandinava, artículos científicos que se contradicen y, como si fuera poco, la tía de alguien opinando con autoridad en el grupo de WhatsApp.

Y en medio de ese ruido, aparece algo que no grita, pero siempre está: **el instinto**.
Esa voz interior que te dice
qué hacer cuando tu bebé llora.
Esa sensación de "esto no me cierra" aunque lo recomiende un influencer con 2 millones de seguidores.
Esa brújula interna que,
cuando la escuchamos, rara vez falla.

*La maternidad no es una carrera de obstáculos con medallas al final*

No todas podemos levantarnos a las 5:00 am a hacer yoga, preparar smoothies verdes, y hornear muffins de arándanos sin azúcar mientras nuestros hijos pintan con témperas sin manchar nada.
Y qué bueno que no.
La maternidad real no se ve como un Pinterest.
Huele a leche agria, tiene juguetes en el baño
y los días se miden en si te pudiste bañar o no.

No se trata de ser perfectas, sino de ser suficientes.
De ser genuinas.
De elegir cada día, aun en el cansancio, hacer lo mejor que podemos. Porque eso ya es mucho.

**Autocuidado: ni spa ni martirio, solo un poco de piedad con nosotras**

Nos vendieron que una buena madre se sacrifica.
Que se pone última en la fila, que nunca se queja
y que está feliz con poco.
Pero ¿sabés qué?
*No se puede criar desde la ausencia de una misma.*
Si te apagás vos, no queda nadie que sostenga.

El autocuidado no tiene por qué ser una escapada a Bali (aunque si alguien me la quiere regalar, mandame el pasaje que voy corriendo).
Puede ser una siesta sin culpa.
Una charla con una amiga.

Terminar ese café antes de que se enfríe.
Reírte con una serie sin sentir que deberías estar "aprovechando el tiempo" para doblar ropa.

*La sobreinformación no siempre es sabiduría*

Está buenísimo informarse.
Leer, escuchar podcasts, seguir cuentas que inspiran. Pero cuidado: más información no siempre equivale a mayor claridad.
A veces, más bien, es más confusión.
Es como entrar a una feria donde todos gritan ofertas distintas y vos solo querías comprar pan.

En mis asesorías, lo primero que intento transmitirle a una mamá primeriza es esto: **no hay una fórmula universal**.
Más allá de todas las herramientas que pueda darte —que las tengo, claro— mi objetivo no es que copies un método, sino que te reconectes con tu voz interna, con ese instinto que muchas veces está tapado por la ansiedad de "hacerlo bien".

*No todo lo que funciona para otra madre va a servirte a vos.*
Y no pasa nada si lo que hoy te sirve, mañana dejás de usarlo. Criar es como cocinar sin receta: vas probando, ajustando, oliendo, mirando si falta sal...
confiando en el paladar.
Eso es la maternidad intuitiva: hacerse cargo de las

decisiones, confiar en tus sensaciones, y saber que vos, mejor que nadie, conocés a tu hijo.

En resumen: más que coleccionar consejos, **el verdadero desafío es afinar tu intuición**.
Y ese es el viaje que vale la pena.

Crianza intuitiva: elegir lo que te resuena

La Crianza Intuitiva no es criar sin leer ni escuchar, sino escuchar todo y después filtrar con tu corazón.
Es darte el permiso de elegir lo que vibra con vos.
Es decir: "esto no me cierra", y buscar otra manera.
Es confiar en que, aunque estés aprendiendo, ya sos suficiente.

Porque el instinto materno no se compra ni se estudia. Se escucha.

Ejercicio práctico: tu propio manifiesto de crianza

Tomate unos minutos para anotar tus respuestas a estas preguntas:

- ¿Qué principios son irrenunciables en la forma en que crías?_____.

- ¿Qué consejo o tendencia sentís que te generó más presión?_____.

- ¿Cómo podés usar la información sin desconectarte de tu intuición?_____.

Pegalo en la heladera, leelo cada tanto, y recordá: vos sabés. Siempre supiste.

## Sumá tu historia

Si este capítulo te resonó, armá tu propio manifiesto, podes subirlo a redes y etiquetame usando el hashtag #CrianzaConInstinto.
Vamos a mostrarle al mundo que maternar sin filtros y desde el corazón también es criar bien.

*La maternidad no se aprende en Google. Se siente en el pecho, se escucha en el alma, y se practica con amor, día tras día.*

## **CAPÍTULO 12**
## EDUCAR SIN MIEDO: LA AUTONOMÍA DE LOS NIÑOS Y NUESTRA ANSIEDAD

Nuestros hijos pueden hacer más de lo que creemos.
Pueden resolver conflictos, tomar decisiones, equivocarse, aprender, adaptarse.
Lo que muchas veces les falta no es capacidad, sino permiso. Confianza. Espacio.

Y ahí entramos nosotras, con nuestras mochilas de ansiedad, heredadas de generaciones que nos enseñaron a "prevenir todo" antes de dejar vivir.
Nos cuesta soltar. Nos cuesta mirar sin intervenir.
Queremos hijos libres, pero sin que se ensucien.
Valientes, pero que no se caigan.
Independientes, pero con mamás controlando desde la esquina.

El problema no es que ellos no puedan.
Es que nosotras no siempre sabemos cómo dejar de sostener, cuando ya aprendieron a caminar.

*Soltar no es abandonar, es confiar*

Un niño que no hace, que no intenta, que no explora... puede que no se golpee, pero tampoco crece.
Sobreproteger no es amar más. Es limitar desde el miedo.
Es decir: "prefiero que no lo intentes, así no me duele a mí si fallás".

Pero criar con amor no es evitar el dolor:
Es enseñar a transitarlo, acompañar con presencia, no con control.

*Un niño que escala un árbol no solo está fortaleciendo sus músculos, también su autoestima.*

Una nena que prepara su mochila sola puede olvidar el cuaderno, sí...
Pero también gana seguridad, memoria, y una sensación de logro que ningún adulto le puede regalar.

## Cómo fomentar la autonomía sin convertirte en un manojo de nervios

- Permití el error. Aunque duela verlos frustrados, dejá que vivan la experiencia.

- Asignales responsabilidades. Aunque el piso quede mojado cuando se laven los dientes.

- Dales poder de decisión. Aunque combinen rayas con cuadros.

- Mostrales que confiás. Aunque por dentro tengas ganas de gritar: "¡No así!"

Porque si ven tu confianza reflejada en tu actitud, ellos también aprenderán a confiar en sí mismos.

*Mi experiencia personal*

Con Vico trabajamos la autonomía desde siempre.
Hubo veces que me daban ganas de atarle los cordones yo misma, de responder por ella, de decirle "dejá, yo lo hago más rápido".
Pero me contuve.
*Me propuse que aprendiera desde la vivencia, no desde el atajo.*
Y verla hoy enfrentar desafíos, resolver conflictos o expresarse con firmeza, es mi confirmación diaria de que todo ese esfuerzo valió la pena.

¿Fue fácil? Para nada.
¿Lo volvería a hacer? Mil veces sí.
Porque cada logro fue suyo. Y yo estuve ahí, para aplaudirlo.

Y también estuve para algo más: para recordarme, a mí misma, que no siempre voy a estar para evitarle los dolores.
Y por eso, mientras esté, quiero darle herramientas.
Porque el mundo —aunque a veces duela decirlo— es muchas veces duro e injusto. Y mi tarea no es protegerla de todo, sino prepararla para lo que no puedo evitar.

*Quiero que sepa que hay más de un camino para hacer las cosas, que no siempre será fácil, y que equivocarse también es parte del mapa.*

Que tener vínculos sólidos es clave, sí. Pero que antes de buscar afuera, necesita conocerse a sí misma.
Identificar sus debilidades, potenciar sus fortalezas, y saber que siempre puede volver a su eje.
Ese será su mapa de ruta cuando me necesite... y yo no esté tan cerca.

### Ejercicio práctico: Identificando límites autoimpuestos

1. Hacé una lista de cosas que no dejás que tu hijo/a haga solo/a por miedo a que se equivoque.

2. Preguntate: ¿Ese miedo es real o es mío?

3. Elegí una de esas acciones y comprometete a soltarla esta semana. Acompañá, observá... pero no intervengas (a menos que peligre su integridad, claro).

### Sumá tu historia

¿Te animaste a soltar un poquito más esta semana?
Compartí tu experiencia con el hashtag #CriarSinMiedo y etiquetame.
Así, entre todas, aprendemos que confiar también es criar.

*Cuando les damos alas, no vuelan solos: vuelan con la confianza que sembramos en su corazón.*

## CAPÍTULO 13
## HIJOS EMOCIONALMENTE FUERTES: CRIANDO DESDE LA INTELIGENCIA EMOCIONAL

Los niños no aprenden lo que les decimos. *Aprenden lo que ven.*
Y eso, amiga, nos obliga a mirar más nuestras acciones que nuestras palabras.
¿Querés hijos empáticos? Sé empática.
¿Querés que sepan poner en palabras lo que sienten? Háblales desde lo emocional.
¿Querés que no tengan miedo a mostrar vulnerabilidad? Mostrales que vos también tenés derecho a llorar.

*Criar con verdad: sí, podés llorar frente a ellos*

Los hijos no aprenden lo que decimos. **Aprenden lo que vivimos.**

Podés dar mil discursos sobre autoestima, pero si te ven criticando tu cuerpo frente al espejo...
Podés hablar de autocuidado, pero si nunca parás para respirar, ellos lo notan.
Lo absorben.
Lo repiten como un eco.

*Criar no es solo acompañar, es modelar. Y para eso, primero necesitamos volver a vernos a nosotras mismas.*

En casa, Vico aprendió a ponerle nombre a lo que siente desde muy chiquita.
Porque me vio llorar. Me vio cansada. Me vio pasar días en los que la maternidad me quedaba grande.
Y en lugar de ocultarlo, se lo conté. Siempre respetando su edad, su mundo simbólico, su capacidad de procesar, le expliqué que estaba atravesando una emoción. Que llorar no era malo. Que sentirse triste o desbordada no era algo que debía esconder, sino algo que se puede transitar con amor, sin vergüenza.

Le di la oportunidad de consolarme.
De abrazarme.
De cuidarme, como yo la cuido a ella.

Y eso, sin saberlo, la transformó en una niña profundamente empática.
Hoy, sus maestras nos dicen que es la primera en abrazar al que llora, la traductora del nuevo del aula, la que saluda dos veces a quien necesita sentirse visto.
Porque la empatía no se predica, se vive en casa.

Ese tipo de crianza, transparente, me enseñó más a mí que a ella.

Porque a medida que Vico fue creciendo, entendí que ella era un espejo perfecto de mí.
En temporadas donde yo estaba irritable o

sobrecargada —sin darme cuenta— ella también se mostraba reactiva, frustrada, desafiante.

Y no fue hasta que mi marido, con esa sensibilidad que le agradezco cada día, me lo hizo ver, que caí en cuenta: yo era su modelo emocional.

Cuando trabajaba en mí, en bajar mi estrés, en aflojar mi exigencia, en ponerle palabras a mi ansiedad, ella también se relajaba.

Volvía a su centro.

*Como una versión mini de mí, más honesta, más directa, más libre.*

Porque al final, lo que enseñamos no está en los discursos, sino en la forma en que vivimos lo que predicamos.

Usar las palabras correctas: no es "muñequito", es pene.

En casa, las partes del cuerpo tienen nombre. Y punto.
Nada de "la casita", "la flor", "el muñequito".
No se trata de incomodar, se trata de proteger. De que si alguna vez algo pasa, nuestros hijos puedan contarlo sin vergüenza y con claridad. Porque nombrar también es empoderar.

Existen muchísimos testimonios de abusos que no pudieron ser detectados a tiempo simplemente porque los niños no tenían las palabras para explicar lo que les sucedía. Imaginate el nivel de frustración y miedo que puede sentir un niño al querer contar algo, pero no saber cómo.

Un informe de UNICEF en Nicaragua reveló que más del 81% de los delitos sexuales contra menores ocurren dentro del entorno familiar, y muchas veces el principal obstáculo para detectar estos casos es la falta de lenguaje claro en la infancia.
Por otro lado, la Fundación Márgenes, en España, remarca que la ausencia de una comunicación abierta en la familia y la poca supervisión aumentan significativamente el riesgo de abuso sexual infantil.

Entonces, cuando te animes a decir "pene" o "vulva" con naturalidad en casa, sabé que no solo estás educando: estás construyendo una muralla invisible de protección y confianza. Le estás diciendo a tu hijo: *acá podés hablar de todo. Nada es tabú. Si algo pasa, me lo podés contar.*
Y eso, créeme, **puede marcar toda la diferencia**.

Frustrarse también es crecer

A nadie le gusta ver llorar a su hijo cuando pierde en un juego.
Pero si nunca lo dejamos perder, ¿cómo va a aprender a tolerar la derrota?

Frustrarse, enojarse, decepcionarse... son emociones incómodas,
pero son parte esencial del crecimiento.

No siempre vamos a estar ahí para evitarles el dolor.
Pero sí podemos darles las herramientas para atravesarlo.

La resiliencia no se hereda, se entrena.
Y cada vez que los dejamos resolver un conflicto por sí mismos, les estamos regalando una semilla de fortaleza.

*Porque la resiliencia no nace en la comodidad, sino en la dificultad amorosamente acompañada.*

No se trata de soltarlos al mundo a la deriva, sino de estar ahí, cerca, como red si caen, pero sin interferir antes de que lo intenten.

Criamos hijos resilientes cuando les damos la oportunidad de equivocarse sin miedo, de frustrarse sin sentirse solos, de volver a intentar sabiendo que pueden.

La resiliencia no se impone, se cultiva. Y empieza con un "yo confío en vos".

Aprender a soltar: la lección migrante

Cuando emigramos, tuvimos que soltar muchas cosas.
Y Vico también.
Sus juguetes, su jardín, su casa, su idioma, sus amigas.

Pero en vez de retener, eligió dar.

Juntó sus juguetes en un baúl, los donó al que fue su primer jardín y entendió que regalar también es crecer.
Que lo material pasa,
pero el acto de compartir se queda.

*También entendió que hay días de comer afuera y elegir postre,*
y otros de pastas con queso y milanesas con tortilla (porque el paladar argentino,... ese no se negocia).
Y ahí fue tomando forma otro aprendizaje clave para nuestra familia:
soltar la comodidad
también es parte del camino del inmigrante.

A veces, la economía no juega a favor, los antojos se quedan en la góndola, y las prioridades cambian.
Por eso, en casa aprendimos a enseñar el valor de las cosas, no su precio.
Porque si desde chiquitos comprenden qué es lo verdaderamente valioso —la generosidad, la resiliencia, el compartir, el amor que habita en lo simple—,

no se aferrarán a lo innecesario ni medirán su bienestar por lo que tienen, sino por lo que son.

Criar en otro país también es esto:
**sembrar desapego material para cultivar fortaleza emocional.**

Cómo fomentar la inteligencia emocional sin volverte loca

- Validá todas las emociones. No hay emociones "malas". Hay emociones que necesitan ser comprendidas.

- Nombrá lo que sentís. Así les enseñás que el lenguaje emocional es tan importante como el académico.

- No escondas tu vulnerabilidad. Mostrarte humana los hace sentir seguros.

- Dejá que consuelen. Ellos también pueden cuidar. Eso fortalece el vínculo.

*Ejercicio práctico: Fomentando la inteligencia emocional en casa*

Pensá en una situación reciente donde tu hijo/a mostró frustración o tristeza.

- ¿Cómo reaccionaste?

- ¿Le diste herramientas para atravesar esa emoción?

- ¿O intentaste que "se le pasara rápido"?

Ahora elegí una nueva estrategia para la próxima vez que suceda.
Puede ser simplemente nombrar lo que ves: —"Estás frustrado porque querías que saliera diferente, ¿no?"

Eso ya es un puente. Un aprendizaje. Una nueva forma de criar.

También podés sumar una herramienta que uso con Vico, y que transformó nuestra manera de responder a las palabras ajenas:
**la diferencia entre un hecho y una opinión**.

Le enseño que no todo lo que alguien dice es verdad. Que hay cosas que son reales —como que la amo— y otras que son solo miradas ajenas. Por ejemplo, a veces le pregunto:
—"Vico, si te digo que te amo, ¿eso es un hecho o una opinión?"
Y ella responde: "Un hecho", y charlamos por qué tiene razón.
Después le digo:
—"¿Y si alguien te dice que tu pelo es feo o que tu papá

es aburrido?"
Y ella, que ya entendió la diferencia, contesta: "Eso es una opinión".
Y entendemos juntas que **las opiniones no son una verdad universal, ni nos definen.**

Esta técnica es simple, pero poderosa: les da a nuestros hijos recursos para no ser vulnerables ante comentarios hirientes, y también para defender lo que sienten con seguridad.

Sumá tu historia

Contame cómo ayudás a tu hijo/a a gestionar sus emociones.
Subí una historia o reflexión con el hashtag #CriandoConEmpatía
y etiquetame para que sigamos construyendo maternidades con más verdad y menos vergüenza.

*No hay crianza emocional sin verdad. Cuando nos animamos a sentir frente a ellos, les enseñamos que sentir no es debilidad, es humanidad.*

## **CAPÍTULO 14**
### EL HOGAR COMO RAÍZ: CONSTRUYENDO SEGURIDAD EMOCIONAL PARA NUESTROS HIJOS

Cuando sos *inmigrante*, el concepto de hogar cambia.
Deja de ser una casa de ladrillos o una dirección con código postal, y pasa a ser algo que se lleva adentro.
Una certeza *que* se arma con miradas,
rutinas, abrazos y risas compartidas.

Con el gordo, siempre tuvimos claro que nuestro hogar no era un espacio físico.
*Nuestro hogar somos nosotros tres: él, Vico y yo.*
*Y no importa si estamos en Argentina,*
*en Estados Unidos o en una carpa en la montaña.*
*El verdadero hogar es ese lugar donde una se siente*
*en paz, y donde sabés que te van a cuidar cuando*
*todo se vuelve un quilombo.*

*La raíz emocional que los sostiene*

Lo que verdaderamente le da seguridad emocional a un niño no es el tamaño de su cuarto,
ni si tiene una cama Montessori, luces LED o juguetes eco friendly.
Lo que los sostiene es saber que, pase lo que pase, hay alguien que lo espera con un abrazo,
con una mirada que lo valida y una rutina que le dice: *acá estás seguro.*

Porque un niño que se siente contenido emocionalmente en su hogar,
es un niño que se anima a explorar el mundo con confianza.

¿Qué hace que un hogar sea un hogar?

• Presencia real: No se trata solo de estar físicamente, sino de estar con atención. Apagar el celular y prender el corazón.

• Estabilidad emocional: Las rutinas, los horarios, los rituales cotidianos (aunque sean caóticos) crean sentido de pertenencia.

• Espacios donde se puede hablar: Donde se puede llorar, reír, equivocarse, pedir perdón, decir "te quiero" sin vergüenza.

**Raíces firmes, alas listas**

Recuerda que:
A nuestros hijos les damos raíces para que nunca olviden quiénes son, y alas para que se animen a descubrir quiénes quieren ser.

*Criar con raíces firmes no es retener.*
*Es permitir que se vayan sabiendo que pueden volver.*

Es enseñarles que el hogar no se mide en metros cuadrados, sino en confianza, en olor a comida casera, en un abrazo de mamá aunque el mundo se esté viniendo abajo.

Vico sabe que su hogar no es una casa con jardín o una habitación pintada con amor. Sabe que su hogar somos nosotros, que puede adaptarse a donde la vida nos lleve, porque mientras estemos unidos, siempre tendrá un refugio donde ser ella misma.

Ejercicio práctico: ¿Qué significa hogar para tu familia?

Reflexioná y escribí:

- ¿Qué hace que tu casa sea un lugar seguro? _____ _____.

- ¿Qué tradiciones o valores sostenés, más allá de dónde vivas? _____.

- ¿Cómo podrías reforzar esa raíz emocional para que tus hijos siempre se sientan contenidos? _____.

*Sumá tu historia*

Compartí en redes qué significa para vos el hogar. Podés subir una foto, una frase, una anécdota con el hashtag #RaízFamiliar
y etiquetame para seguir construyendo juntas una comunidad donde el amor es lo que da techo.

*El hogar no siempre tiene paredes, pero siempre tiene abrazos. Y cuando la raíz es fuerte, el viento puede soplar, pero nunca arranca lo que está bien plantado.*

## REFLEXIÓN FINAL
## LA MATERNIDAD: UN VIAJE EN CONSTANTE EVOLUCIÓN

Siempre siento que soy una primeriza.
Y quizás siempre lo seré.
Porque cada niño es un universo distinto, con su propio lenguaje, sus propios tiempos y su propia magia.

Podés leer todos los libros, hacer cursos,
seguir cuentas especializadas y hasta sentirte experta en pañales,
pero basta una mirada de tu hijo para que te des cuenta de que aún hay algo nuevo por descubrir.
La maternidad no te da certezas, te da alas para aprender todo el tiempo.

Nuestros hijos son nuestros grandes maestros.
Nos empujan a ser mejores personas, a revisarnos,
a mirar con amor nuestras sombras,
a perdonar nuestras propias heridas,
y a volvernos a armar de formas que no sabíamos que existían.

La maternidad no es un camino con un destino.
Es un proceso.
Una transformación.
Un viaje que se camina con las manos sucias, el corazón abierto y la mochila cargada de dudas, sueños y mucho amor.

No estamos acá para hacerlo perfecto.
Estamos acá para hacerlo real.
Para maternar con presencia, con intención, con ternura...
y cuando no podamos, con humildad.

Gracias por caminar este tramo del viaje conmigo.
Nos vemos allá afuera, en la vida real,
en esa tribuna de mujeres imperfectas que eligen construir día a día una maternidad más libre, consciente y amorosa.

*Ser mamá no es tener todas las respuestas.*
*Es estar dispuesta a buscar nuevas preguntas cada día, con amor, con dudas, y con el coraje de seguir aprendiendo mientras criamos.*

## AGRADECIMIENTOS

A Nacho, como dije al inicio, él es mi escudo y el abrazo necesario; un padrazo con todas las letras (aunque se olvide la mitad de las cosas, lo elijo cada día).

A mi hija, que me ama sin condiciones, incluso cuando mi paciencia no llega al mediodía o cuando mi energía se evapora antes de la cena. Ella es mi motor, mi espejo y la razón por la que muchas veces dejo de dormir para seguir creando este camino. Gracias por prestarme tu tiempo, para que yo pudiera escribir este libro.

A mi mamá, que con sus aciertos y sus muchos errores, fue el primer reflejo en el que me miré. No fue el modelo ideal, pero sí el punto de partida. Por espejo o por oposición, me ayudó a ser la mujer que soy hoy: fuerte, combativa, intensa, pero con un corazón noble y dispuesto a seguir aprendiendo.

A las familias que confiaron en mí cuando llegué y empecé a trabajar en este país, sin conocerme más que por lo que transmitía mi voz y mi presencia. Me permitieron acompañarlas, ellas también me enseñaron. Son, sin duda, parte de mi historia, de mi proceso.

A mi **comunidad de mamás, Raíz,**
esas mamás que cada mes se suman con el corazón abierto a nuestros encuentros, a los talleres conversados, que comparten lo que viven, que se

animan a cuestionar y encuentran fuerza en otras maternidades.

Gracias, **Amay** (Amayrelis Mejías), cofundadora de esa comunidad, por gestar juntas un espacio vivo, humano y profundamente necesario.
Ojalá que nuestros encuentros de mamás reales, hispanas e inmigrantes (la gran mayoría) sigan creciendo y acompañándonos por mucho tiempo más.

Por último, pero no menos importante:

A mis amigas, esas que se sienten aludidas en este momento, que son vínculos significativos en mi día a día aunque no hablemos con frecuencia, ellas son mis compañeras de ruta.
Gracias por sus palabras que siempre las siento sinceras, por sus festejos compartidos, sus mensajes cuando más los necesitaba, y por seguir creyendo en mí incluso cuando yo dudaba.
Incluso cuando los kilómetros nos distancian, su cercanía siempre me alcanza.

**Este libro también es suyo**.

## GLOSARIO

**Maternidad Intuitiva:**
La capacidad de confiar en nuestro instinto materno para criar, sin depender exclusivamente de reglas externas. Implica escuchar nuestras emociones, observar a nuestros hijos y tomar decisiones alineadas con lo que sentimos que es mejor, más allá de modas o recomendaciones ajenas.

**Crianza Sensible:**
Un enfoque basado en la conexión emocional y el respeto hacia las necesidades del niño, sin perder estructura ni límites. No se trata de dejar que hagan lo que quieran, sino de poner límites con empatía, validando sus emociones y acompañando su desarrollo.

**Raíz:**
Representa el vínculo primario y la estabilidad emocional que brindamos a nuestros hijos, especialmente en la experiencia de la maternidad inmigrante. Es símbolo de pertenencia, contención y sostén. Una madre firme, nutrida y en eje será siempre hogar, sin importar el país en el que se encuentre.

**Adaptación Activa a la Realidad:**
Concepto de la Psicología Social de Pichón Riviere que enfatiza la capacidad de ajustarse a nuevas realidades sin perder la propia identidad. No se trata de resignarse, sino de reinventarse de forma consciente y dinámica frente a los cambios.

**Carga Mental:**

El peso invisible que muchas madres llevan a diario al estar a cargo de la organización, planificación y ejecución de todo lo que implica el funcionamiento familiar. Desde recordar vacunas hasta anticiparse a los cambios de clima para preparar la ropa del día siguiente. Es agotadora y, muchas veces, no reconocida.

**Mundo Interno:**

Desde la Psicología Social, es el conjunto de experiencias, vínculos, emociones y creencias que nos forman como personas. Influye en cómo percibimos la maternidad, los vínculos, la pareja y el rol que ocupamos. Cada madre materna desde su mundo interno.

**Comunicación Bidireccional:**

Un diálogo basado en la escucha activa, el ida y vuelta genuino y la validación del otro. Fundamental en la crianza, en la pareja y en cualquier vínculo sano. No se trata solo de hablar, sino también de habilitar al otro a expresarse con libertad y respeto.

**Inteligencia Emocional:**

La habilidad de identificar, comprender y gestionar las propias emociones, así como las de los demás. Es clave para enseñar a nuestros hijos a transitar frustraciones, enojos y alegrías sin reprimir ni desbordar.

**Crianza en Equipo:**
Modelo de crianza donde madre y padre (o quienes ocupen esos roles) comparten activamente la responsabilidad de criar, sin imponer jerarquías ni caer en la idea de que uno "ayuda" al otro. Es complementarse, no competir.

**Sobreinformación Materna:**
El exceso de contenido, consejos y tendencias sobre maternidad que circula en redes sociales, libros y medios. En lugar de dar claridad, muchas veces genera confusión, culpa y presión innecesaria en las madres. Filtrar, elegir y confiar en nuestro instinto es vital.

*Términos del lunfardo argentino y expresiones culturales*

**Quilombo:**
Término informal argentino que puede referirse a un gran desorden, caos o situación compleja. En este libro, se usa como sinónimo de caos cotidiano o desborde emocional. Ejemplo: "*Ese día fue un quilombo de emociones.*"

**Mate cocido:**
Infusión tradicional argentina preparada con yerba mate hervida en agua o leche. En este libro, aparece como una alternativa simbólica a la clásica taza de café, representando un momento de pausa y disfrute cotidiano.

**Gordo/a (en contexto afectivo):**
Apodo cariñoso muy común en parejas argentinas. No tiene ninguna connotación física, sino que funciona como un modo tierno y cotidiano de referirse al otro. Ejemplo: "*Con el gordo, mi marido...*"

**Milanesas con tortilla:**
Comida casera típica de la cocina argentina, que representa el sabor del hogar y la infancia. Su mención en el libro evoca el arraigo cultural y la continuidad de las costumbres aún en contexto de migración.

**Paladar argentino:**
Expresión usada para referirse a las costumbres alimenticias propias del país, en especial el gusto por ciertos sabores o combinaciones tradicionales. Ejemplo: *"Porque el paladar argentino no lo perdemos ni en la NASA."*

**Ojotas:**
Sandalias simples, típicas del verano argentino. En algunos pasajes puede utilizarse como sinónimo de informalidad o comodidad total.

**Tener el mate hervido:**
Expresión humorística que indica que alguien está muy enojado, desbordado o actuando sin pensar. Puede aparecer en frases como *"Ese día tenía el mate hervido y no me aguantaba ni yo."*

**Chocolatada:**
Leche con cacao, típica de las meriendas infantiles argentinas. Representa ese momento sencillo y afectivo del día.

Gracias por llegar hasta acá.
Que cada palabra de este libro te recuerde que criar con amor, instinto y conciencia es suficiente.
Sos raíz, sostén y revolución.

**Con amor y gratitud,** *gracias por leerme.*
**Ye Cabral**

Te dejo este espacio a continuación, para que te dediques unas palabras a vos misma.
Si tenés ganas, también unas palabras para mí.
Mandame una foto de esta página con tu mensaje, por Instagram o correo. Me va a emocionar leerte.

..............................................................................................
..............................................................................................
..............................................................................................
..............................................................................................
..............................................................................................
..............................................................................................
..............................................................................................
..............................................................................................
..............................................................................................
..............................................................................................
..............................................................................................

Made in the USA
Columbia, SC
15 May 2025